F 3779
A

F 4552
E1

F 26579

COUTUMES
GÉNÉRALES
DE
LA VILLE ET CITÉ,
ÉVECHÉ ET COMTÉ
DE VERDUN,
APPELLÉES COMMUNÉMENT
LES COUTUMES ET DROITS
DE SAINTE CROIX.

A NANCY,

Chez THOMAS, père & fils, Imprimeurs
de l'Hôtel-de-Ville.

M. D C C. L X I I.

AVEC PRIVILEGE DU ROI.

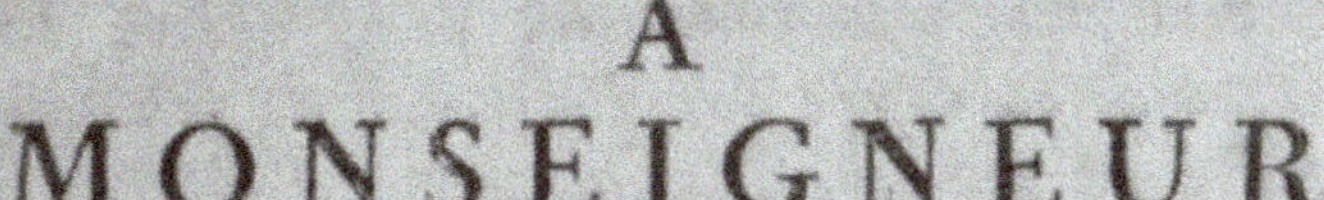

A MONSEIGNEUR

L'illustrissime & Révérendis-
sime ARMAND DE MONCHY,
D'HOQUINCOURT, Eveque et
Comte de Verdun, &c.

MONSEIGNEUR,

*Ce petit livre vous tend la main, il
n'ose se produire ny se hazarder de parois-
tre que sous vostre appuy, ny voir la lu-
mière, si vous ne luy faites la grace de luy
permettre de porter vostre nom sur son
front. C'est le charme qui lui fera trouver
bon accueil, & qui le fera aimer de tout
ce peuple, qui a l'honneur de vous estre
soûmis, il leur donnera le plaisir de voir
& lire les loix & les anciennes coûtumes
que vos Prédécesseurs leurs ont donnez,
pour vivre en paix, & se garantir de toutes les confusions que ce monstre hideux*

de chicanne produit dans les esprits, qui n'ont point de maxime ny de régles certaines pour leur conduite. Il est arrivé au sujet de ce cayer quelque chose de semblable à ce qui se passa du temps d'Esdras, lors que les tables de la loy & les autres livres saints ayant esté perdus, ce saint & sçavant personnange en fit un recueil, sur ce que la mémoire d'un chacun luy en avoit fourny, il le fit lire en public en présence des prestres & des docteurs de la loy, qui reconnurent que le texte y estoit si fidellement rapporté, qu'ils jugerent à propos de le recevoir avec la mesme vénération que les premieres tables que Dieu avoit donné à leur grand législateur Moyse. L'original de ces coûtumes qui se gardoit au greffe du bailliage de vostre évéché ayant esté misérablement perdu, on en a ramassé de toutes parts les copies qu'on a pû recouvrer, on les a communiqué aux anciens jurisconsultes, officiers, avocats, & praticiens de la province, qui après un examen exact ont reconnu que les dispositions de cette coûtume y étoient très-fidèlement rapportées, mais comme le peuple vous regarde comme un autre Esdras, le renovateur des loix saintes, & le protec-

teur des civiles, celles-cy se présentent à
VOSTRE GRANDEUR, pour rece-
voir d'elle leur approbation, j'ose bien me
flatter, MONSEIGNEUR, qu'elles
ne seront pas frustrées de leur espérance,
puisqu'elles ont pour titre de SAINTE
CROIX, dont vous soûtenez la religion
comme une des plus puissantes colonne de
son Église, & puisque vostre vertu aussi
bien que l'Écusson de vostre famille porte
des maillets d'or, qui me semble en vostre
personne, comme en la main d'un HERCU-
LE CHRÉTIEN des massuës dont vous
froissez & brisez les monstres du libertina-
ge, de l'hérésie & du scandal, que vous
soûtenez avec un courage qui a peu de pareil
les interests de Dieu, la gloire du prince,
& la tranquillité des peuples, ce qui me
marque enfin avec quelle force & avec quel
zèle vous vous opposez aux perturbateurs
du repos public, pour empécher dans le
monde moral que les parties les plus infir-
mes & les moins défenduës ne soient oppri-
mées par les violences : mais parce que je
vois ces maillets foudroyants appuyez &
soûtenus d'un feu de gloire que l'or signifie,
cela me donne un ample sujet de croire &
de publier que comme au temps de Nehe-

mias , le feu sacré qui ne sembloit plus
que de la bouë , reprit sa force & son ar-
deur aux rayons du soleil , les loix mu-
nicipales qui sont les invincibles , & les
illustres protectrices de l'équité & de la
raison , mais qui alloient s'abolir & s'a-
battre sous le pied comme la bouë , repren-
dront leur vigueur & leur droit , si vous
les favorisez d'un rayon de vostre bien-
veillance , ce sont les vœux de celuy qui
n'a point plus grande ambition , que
d'étre ,

MONSEIGNEUR,

De Vostre Grandeur,

Le très - humble & très-
obéyssant serviteur ,
F. BOUCHARD.

COUTUMES
GÉNÉRALES
DE LA VILLE ET CITÉ,
ÉVÊCHÉ ET COMTÉ
DE VERDUN,
APPELLÉES COMMUNEMENT
les coûtumes & droits
DE SAINTE CROIX.

TITRE PREMIER.

Des fiefs.

ARTICLE PREMIER.

Tous fiefs tenus du seigneur évesque & comte de Verdun sont de danger.

II.

Les vaſſaux dudit ſieur évesque & comte ſont tenus quand ils ſont requis aller & ſervir en armes, le ſieur évesque & comte, ou ſes commis és guèrres ou affaires qu'il pourroit avoir con-

tre les ennemis dudit évesché & comté aux dépens dudit sieur évesque.

I I I.

Si un vassal vend son fief, il est requis d'en
avoir consentement & confirmation dudit sieur
évesque, lequel peut reprendre ledit fief pour
les deniers & loyaux couts, & les rejoindre à
son domaine, ou confirmer le vendage si bon
luy semble.

I V.

Néanmoins s'il avient qu'un prochain lignager veüille avoir ledit fief par retrait, il y sera
receu & en forclora ledit sieur évesque.

V.

Acheteur d'un fief ne se peut mettre, introdui-
re, ne prendre possession dudit fief avant la confirmation & consentement dudit sieur évesque
à peine de commise.

V I.

Un vassal ne peut démembrer son fief ny vendre partie d'iceluy sans le congé du sieur féodal,
toutesfois peut bailler à titre de cens partie de
son fief pour l'augmentation d'iceluy, pourveu
que ledit cens soit suffisant & raisonnable, eu
égard à ce qui est laissé, dont ledit vassal sera tenu faire les foy & hommage.

V I I.

Ledit sieur évesque & comte peut mettre la
main à la chose mouvante de soy après le décéds
de son vassal pour cause de devoirs non faits
dans l'an & jour dudit décéds, ou après ledit an,

quand bon luy semblera, & doit l'an & jour pas-
sé après le trépas faire les fruits siens.

VIII.

Le vassal est tenu après qu'il a fait hommage,
de bailler quarante jours après ledit hommage
fait son dénombrement & déclaration, & à
faute de ce faire ledit sieur peut mettre en sa
main les fiefs.

IX.

En choses féodales & mouvantes en fief, les
héritiers peuvent succeder, comme en autres
choses, & en prendre la possession sans le consentement du sieur féodal, pourveu que dans
l'an & jour ils fassent le devoir du fief.

X.

Partage de choses féodales ne préjudicie au
seigneur, ains demeure chacun homme féodal
& vassal dudit sieur pour sa part & portion, &
sera tenu un chacun de faire son devoir de fief.

XI.

Quand le vassal confisque son fief pour quelque crime que ce soit, ledit fief retourne au sieur
féodal, qui se peut remettre dedans, & le reü-
nir à son domaine.

XII.

Si le seigneur féodal fait saisir le fief de son
vassal, & ledit vassal nie que ledit fief soit mou-
vant de luy, & ledit seigneur le prouve, ledit
vassal perd son fief. Mais en terre de cens, quand
le détemteur & proprietaire nie au sieur son cens,

& ledit fieur le prouve, le détemteur ne perd
pas pour cela ladite tèrre.

XIII.

Aucun ne peut tenir tèrre de fief s'il n'eft noble ou annobly fans le congé du feigneur évef-
que & comte.

XIV.

Le vaffal ne prefcrit point contre fon feigneur
les droits & devoirs qu'il eft tenu de luy faire,
ny le feigneur contre fon vaffal.

X V.

Le vaffal qui a aucuns fiefs par don, ceffion,
transport, ou achat, doit montrer & exhiber fon
titre à fon feigneur luy en laiffer le double à fes
dépens, & affirmer le contenu par ferment.

XVI.

Si un vaffal donne à l'églife fon fief ou partie
d'iceluy, telle églife ne le peut tenir fans amor-
tiffement ou permiffion, ains eft tenu en vuider
fes mains à perfonne capable dans l'an & jour,
& ainfi s'obferve en rentes & héritages de poté
& roture.

TITRE SECOND.

Des droits appartenans à gens mariez.

*Et des partages de succession entre gens
nobles & roturiers.*

ARTICLE PREMIER.

QUAND un vassal va de vie à trépas , délaissant plusieurs héritiers enfans mâles & femelles , ou un enfant mâle , & plusieurs femelles , le fils aîné a droit de prendre & choisir pour
luy avant partage , lequel chastel ou maison forte que bon luy semble pour son droit avec ce
qui est enclos de fossez , clostures , ou palis ,
mesmement la basse cour , si elle y est compri-
se , mais si ladite basse cour est hors desdits pre-
miers fossez , clostures , ou palis , elle se partit
avec , & comme le reste de ladite succession , &
s'il n'y avoit qu'un châtel ou maison forte en
ladite succession , si l'emporteroit ledit fils aîné
pour raison que dessus à la charge du doüaire ,
s'il y échet , & au résidu des autres héritages de
fiefs il prend sa part , comme l'un des autres fils.

II.

Et s'il y a des filles avec lesdits fils , elles par-
tissent en tèrres nobles avec leurs frères , de
manière que lesdites deux filles prennent autant
que l'un de leursdits frères aînez ou puînez , hor-
mis l'avantage de l'aîné.

I I I.

Et quand aux tèrres roturieres , meubles &
tèrres de franc-alleuf, l'une desdites filles prend
autant qu'un fils.

I V.

Et quand il y a plusieurs filles qui viennent
à succéder à leur père & mère en tèrres nobles
sans frères , il n'y a entre elles aucun droit d'aînesse , ains succédent également en toutes choses
autant l'aînée que la puînée en tèrres nobles ou
roturieres.

V.

En succession collatérale droit d'aînesse n'a
lieu.

V I.

En ligne collatérale le mâle exclud la femelle
en pareille degré en tèrre féodale , pourveu toutesfois que le fief ne vienne de par femelle , &
que les héritiers soient tous descendans de femelles : car en ce cas les femelles prendront leur
part , comme les mâles sans aucune prérogative
plus grande aux mâles qu'aux femelles , mais si
la femelle estoit d'un degré plus prochain , en
ce cas ne seroit excluë , ains prendroit avec les
mâles , *succedendo in stirpes.*

V I I.

Si un vassal va de vie à trépas , délaissant de
son premier mariage un ou plusieurs enfans , fils
ou filles , & du second un ou plusieurs , celuy
ou ceux du premier mariage , a ou ont autant
en l'héritage de fief que tous les autres enfans

du second mariage, *& à contra*, & pareillement
a lieu ladite coûtume en succession maternelle,
quand aux tèrres de fief.

VIII.

Représentation a lieu en ligne directe, *in infi-
nitum*, tant en héritages de fief que de poté, &
pareillement en ligne collatérale quand à roture, mais en fief, n'a lieu outre les frères & les
enfans des frères inclusivement.

IX.

Entre personnes nobles, le survivant a la garde noble de ses enfans mineurs, & fait les fruits
siens des héritages desdits enfans, lequel gardien
reprend les tèrres nobles pour lesdits enfans, &
en fait les foy & services permis, & il est tenu
d'acquitter lesdits enfans de toutes dettes & frais
funéraux, & alimenter, vestir, & habiller lesdits enfans, maintenir lesdits héritages bien &
suffisamment & les rendre ausdits enfans en bon
& suffisant estat, & où il n'y auroit père & mère, ayeul ou ayeule, en ce cas par le juge or-
dinaire sera pourveu aux mineurs de tuteurs &
curateurs.

X.

La garde faut & finit à un enfant mâle à quatorze ans, & à la fille douze ans, & pareillement aux gens de poté & roturiers, la tutelle
faut & finit à pareille âge, mais les dessusdits ne
sont hors de curatelle sinon qu'ils ayent vingt-
quatre ans entiers.

X I.

Le mort faifit le vif fon plus prochain héritier habile à luy fuccéder.

X I I.

Si aucun a efté abfent du pays par fept ans
continuels ou plus, tellement que fes enfans ou
autres fes prochains héritiers préfumptifs n'euf-
fent oüy nouvelles depuis ledit temps qu'il fut
vivant, lefdits héritiers préfumptifs fe peuvent
enfaifiner des chofes de fa fucceffion.

X I I I.

Les enfans mariez qui veulent venir à la fucceffion de père ou de mère font tenus rapporter
tout ce qu'ils ont eu en mariage, à fçavoir la
moitié quand ils veulent venir à la fucceffion du
père, & l'autre moitié à la fucceffion de la mère.

X I V.

Les acquêts faits en tèrres de fief par gens nobles, conftant leur mariage font communs entre
eux, & pareillement en tèrres de roture, foit
que lefdits acquêts foient faits en ligne de l'un
ou de l'autre des conjoints ou hors de ligne.

X V.

Quand deux conjoints ont un enfant, & depuis le père décéde, délaiffant ledit enfant fon
héritier feul, & après la mère fe remarie, du-
quel fecond mariage font defcendus plufieurs
enfans fœurs & frères uterins audit premier enfant, puis après l'enfant dudit premier mariage
va de vie à trépas, délaiffant fadite mère, fef-
dits

dits frères & sœurs uterins, auſſi autres parens,
oncles ou couſins paternels, ſes uterins empor-
tent la ſucceſſion dudit enfant tant mobiliaire
qu'héreditaire, *& è converſo*, & n'y ont rien
ſadite mère & ſeſdits parens, parce qu'à faute
de germain, le non-germain ſuccéde.

X V I.

. Et ſi tel enfant ou autre perſonne décédant
ſans hoirs de ſon corps n'a frères ou ſœurs, germains ou non - germains, la ſucceſſion n'eſt à
ſes père ou mère, oncles ou autres parens aſcendans, ains vient à ſes couſins en pareil degré ou
autres plus remots, *ſuccedendo in ſtirpes.* Car
telle ſucceſſion ne remonte point, & néanmoins
en tèrres féodales, le plus prochain ſuccéde,
ſoit l'oncle ou autre.

X V I I.

Les frères & ſœurs germains ſuccédent à leurs
frères ou ſœurs germains, décédez ſans hoirs
de leurs corps, & en excluent les non-germains,
quand aux meubles & acquêts, & au regard de
leurs héritages de leur naiſſant, ils retournent chacun à ſon côté; *paterna paternis, materna maternis.*

X V I I I.

La ſucceſſion des perſonnes décédées ſans
hoirs de leurs corps délaiſſant ſeulement héritiers collatéraux, couſins germains ou plus remots vient à départir, à ſçavoir aux héritiers
du coſté paternel pour la moitié, & aux mater-
nels l'autre moitié, & ce quand aux meubles &
acquêts ores qu'il y en eut plus d'un coſté que
d'autre, & que les parens de l'un des coſtez ne

foient fi prochains que de l'autre, & au regard des héritages anciens & de ligne, ils retournent chacun à fon côté. *Paterna paternis, materna maternis.*

X I X.

L'héritier ou les héritiers en quelque degré qu'ils foient, venans par repréfentation en une fucceffion collatérale, repréfentant l'eftocq, & ne fuccédent point par tefte avec leurs co-héritiers d'autre branche & eftocq.

X X.

L'homme ou la femme furvivant qui tient meubles & acquêts du prémort, & faifant acquêts iceux meubles & acquêts font communs & les héritiers du furvivant y ont la moitié, & les héritiers du prémort l'autre moitié.

X X I.

L'homme furvivant fa femme demeure, fi bon luy femble, MEUBLIER, c'eft à fçavoir qu'il tient fa vie durant les meubles & acquêts, & n'eft tenu le furvivant faire inventaire defdits meubles, les exhiber, ny en bailler feureté ny caution, à la charge des frais funéraux & dettes de la défunte, & de nourrir & entretenir les enfans fi aucun y en a jufques à ce qu'ils foient âgez, émancipés ou autrement pourveus, & où il ne voudroit fe déclarer MEUBLIER, les meubles & conquêts fe partiront également, & peut vendre & aliéner tous lefdits meubles, & acquêts pour fubvenir à fes néceffitez, fans qu'on le puiffe empêcher, n'étoit qu'on puiffe montrer qu'il le fit en fraude, mais par teftament il ne peut difpofer que de la moitié, fi c'eft le furvi-

vant des deux personnes nobles conjoints par
mariage, il a les meubles en propriété & moitié des acquêts immeubles faits constant leur mariage en usufruit, l'autre moitié des acquêts luy
appartenant de son chef à ladite charge des frais
funéraux des dettes, & d'entretenir les enfans.

XXII.

Si l'homme survivant demeurant MEUBLIER,
passe en secondes nôces & après va de vie à
trépas, délaissant enfans du premier & du second mariage, tous les biens meubles, acquêts
& conquêts, immeubles faits tant constant le
premier que le second mariage se partiront en
trois tiers, l'un aux enfans du premier lit, l'un
à la veuve, & l'autre à tous les enfans dudit défunt tant dudit premier que du second mariage
à diviser entre eux également.

XXIII.

Et s'il y en avoit de trois lits se diviseront en
quatre quarts, l'un aux enfans du premier lit;
l'un aux enfans du second, l'un à la veuve, &
l'autre & dernier à tous les enfans desdits ma-
riages, à partir entre eux également.

TILTRE TROISIÉME.

Des testamens & dons.

ARTICLE PREMIER.

UNe personne ne peut donner ny léguer son
héritage de ligne & naissant, mais le peut
charger, jusques à la valeur & estimation du

tiers, c'est-à-dire que l'on peut donner & léguer
sur ladite ligne une somme de deniers, n'excé-
dant la valeur de la tierce partie d'icelle ligne,
& au surplus faut que le testateur laisse franche-
ment à ses enfans ou héritiers les deux tiers de
son propre naissant & ligne, néanmoins peut
bien donner par donation faite entre vifs ou
pour cause de mort, toute sa ligne entiere à ses
héritiers descendans ou collatéraux, succédant
ab intestat, ou à l'un d'eux, & peut donner la
proprieté & retenir l'usufruit, mais quand à ses
meubles & acquêts il les peut donner, léguer
ou autrement en disposer à son plaisir, soit à ses
enfans ou autres personnes toutes étrangeres par
donation entre vifs ou pour cause de mort &
autrement, encore que telle personne ait la teste
sur le chevet, si peut-il donner à l'un plus qu'à
l'autre, & s'il succédera encore avec ses co-héritiers testamentaires ou légataires, parce qu'on
peut estre légataire & héritier.

II.

Institution d'héritiers par testament n'a lieu
au préjudice du légitime héritier prochain &
habile à succéder, c'est-à-dire qu'on ne peut
instituer autre que ceux qui sont habiles à succéder, & ou aucun ne seroit nommé au testament, si ne laisseroit-il à succéder avec les autres héritiers dénommez audit testament, toutesfois pour les causes de droit on peut priver
de sa succession ceux ausquels elle pourroit ap-
partenir.

I I I.

Le testateur en faisant son testament n'est tenu garder les solemnitez de droit, ains suffit l'écrire & signer de sa propre main, ou le passer en présence de deux notaires ou du curé, & deux témoins, ou d'un curé & d'un notaire & deux témoins.

I V.

Les exécuteurs testamentaires, avec inventaire ou sans inventaire, sont saisis de tous les meubles délaissez par les décédez, signamment jusques à la concurrence des frais de l'exécution : mais à faute de meubles, peuvent lesdits exécuteurs engager ou vendre à grace de rachat des héritages moins dommageables, d'énonciation premièrement faite aux héritiers, s'ils sont présens, pour sçavoir d'eux s'ils ont l'intention de fournir autres biens pour l'accomplissement du testament ; car s'ils en fournissoient, ne pourroient les exécuteurs engager ny vendre.

V.

Aussi par don mutuel, l'homme & la femme peuvent donner l'un à l'autre tous leurs biens meubles, acquêts ou conquêtes immeubles, faits constant leur mariage, pour en joüir à toujours ; pourveu qu'ils soient franches personnes, en santé & âge pareille, ou à peu près.

V I.

Et pareillement l'homme ou la femme, par testament, peut donner tous ses biens, meubles, & acquêts l'un à l'autre, à charge des frais fu-

néraux, & debtes, & d'entretenir les enfans,
s'il y en a.

VII.

Donner & retenir n'a lieu, de sorte que si le
donateur ne se défaisit de la chose donnée, telle
donation n'a lieu, & est de nulle valeur, n'étoit
que le donateur retint l'usufruit ; auquel cas
suffiroit.

VIII.

L'âge pour pouvoir faire testament est aux
mâles à dix-huit ans, & aux femelles à seize
ans accomplis ; toutesfois où ils seroient mariez
avant ledit âge, pourroient tester.

TITRE QUATRIÉME.

*Des droits appartenans à gens mariez,
ramenant en fait ce qui est cy-devant
déclaré.*

ARTICLE PREMIER.

HOMME & femme conjoints par mariage,
sont du jour de la bénédiction nuptiale,
communs en tous biens, meubles, & dettes
personnelles, actives & passives contractées durant ledit mariage, & auparavant iceluy, & en
acquêts, immeubles faits par eux, ou l'un d'eux,
durant & constant le mariage, qui se divisent après
le décéds de l'un desdits conjoints par moitié entre le survivant & héritiers du décédé, néanmoins
chacun reprend ses robes, bagues, & joyaux,
chevaux, & harnois, & armes respectivement.

I I.

Néanmoins l'homme furvivant la femme demeure, fi bon luy femble, MEUBLIER, c'eft-à-dire, qu'il tient fa vie durant les meubles & les acquêts, à la charge des frais funéraux, & des dettes de la défunte, & de nourrir & entretenir les enfans, fi aucun y en a jufques à ce qu'ils foient en âge de mariage ou autrement pourveus, & où il ne fe voudroit déclarer meublier, les meubles & conquêts fe partiront, comme il eft dit en l'article fufdit.

I I I.

Le mary eft feigneur defdits meubles, acquêts & conquêts immeubles faits durant & conftant le mariage, tellement qu'il en peut difpofer par vendition, aliénation, & autre difpofition faite entre vifs, comme bon luy femble fans le confentement de fa femme.

I V.

Et eft à fçavoir que où l'homme furvivant fe voudroit déclarer MEUBLIER, tenant fa vie durante meubles & acquêts, comme dit eft, peut vendre & aliéner tous lefdits meubles & acquêts pour fubvenir à fes néceffitez, fans qu'on le puiffe empêcher, n'étoit qu'on montrât qu'il le fît en fraude, mais par teftament ne peut difpofer que de fa moitié.

V.

Et n'eft tenu ledit homme furvivant faire inventaire defdits meubles, les exhiber ny en bailler feureté, ny caution.

V I.

Le survivant des deux personnes conjoints
par mariage, a les meubles en propriété, & les
acquêts immeubles faits constant leur mariage
en usufruit à la charge des frais funéraux & dettes, & entretenir les enfans, lequel survivant a
la garde noble desdits enfans mineurs & fait les
fruits siens des héritages desdits enfans, lequel
gardien reprend les terres nobles pour lesdits
enfans, & en fait les foy & services, parmy ce
qu'il est tenu d'acquitter lesdits enfans de toutes
dettes, frais funéraux, & d'alimenter lesdits
enfans, vestir & habiller, & maintenir lesdits
héritages bien & suffisamment, & les rendre
ausdits enfans en bon & suffisant estat; & où il
n'y auroit père, mère, ayeul ou ayeule, en ce
cas sera pourveu aux mineurs de tuteurs &
curateurs.

V I I.

La garde faut & finit au fils à quatorze ans,
& à la fille à douze, & pareillement quand aux
gens de poté & roture, la tutelle faut & finit à
pareil âge, mais ne sont hors de curatelle, sinon
qu'ils ayent vingt-quatre ans entiers.

V I I I.

Les acquêts faits en tèrre de fief par gens
nobles constant leur mariage, sont communs
entre eux, & pareillement en tèrres de roture, soit que les acquêts soient faits en la ligne
de l'un ou de l'autre desdits conjoints, ou hors
ligne.

IX.

L'homme & la femme survivant qui tient meubles & acquêts de prémort, faisant acquêts iceux meubles & acquêts sont communs, si que les héritiers du survivant y ont la moitié, & les héritiers du prémort l'autre moitié.

X.

Femme mariée ne se peut obliger sans l'authorité de son mari, soit au préjudice d'elle ou de sondit mari, toutesfois exerçant marchandise publique, au veu & sçeu de son mari est réputée authorisée de sondit mari pour le fait de sadite marchandise, & valent les venditions & contracts par elle faits, pour raison de ladite marchandise au préjudice de sondit mari, lequel en peut estre exécuté en ses biens, s'il n'y a eu auparavant renonciation ou déclaration deuëment & notoirement faite par ledit mari.

XI.

Que si l'un des conjoints par mariage ou tous deux vont de vie à trépas dans l'an de leur mariage sans hoirs procréez de leurs corps, les héritiers de chaque côté reprennent respectivement ce qui auroit esté apporté audit mariage.

XII.

Le mari durant le mariage a le gouvernement & aminiftration des propres héritages de sa femme, & peut disposer des fruits d'iceux sans le confentement d'icelle, mais quand à la propriété, il n'en peut aucune chose faire son préjudice sans son confentement.

TITRE CINQUIÉME.

Des donations.

ARTICLE PREMIER.

TOUTE personne âgée & usante de ses droits, peut donner entre vifs tous ses meubles & acquêts immeubles, & la valeur du tiers de son naissant soit fief ou roture à quelque personne que ce soit, reservé aux enfans s'il y en a la querelle d'inofficieuse donation.

I I.

Donner & retenir n'a lieu, de manière que si le donateur ne se défaisit de la chose donnée, telle donation est nulle & de nulle valeur, n'estoit que le donateur retint l'usufruit, auquel cas il suffiroit.

I I I.

Toutesfois donation faite en faveur de mariage consommé, le donataire est reputé vestu & saisi de la chose donnée, encore qu'il n'y ait délivrance réelle ou chose équipolente à icelle.

I V.

En donations, successions, & autres moyens d'acquisition les choses se gouvernent selon la coûtume des lieux où elles sont assises, & non des lieux où les parties sont demeurantes.

TITRE SIXIÉME.
De dons mutuels.

ARTICLE PREMIER.

L'HOMME & la femme par dons mutuels se peuvent donner l'un à l'autre tous les biens, meubles, acquêts, & conquêts immeubles, faits constant leur mariage, * pourveu qu'ils soient franches personnes, en santé & âge pareil, ou à peu près pour en joüir par le survivant, sçavoir des meubles en propriété & à toujours, & des conquêts en usufruits la vie durant seulement.

II.

Et est le survivant d'iceux conjoints saisi des biens à luy donnez par son don mutuel, lequel survivant prenant les choses à luy données est tenu payer les dettes personnelles du défunt, les frais des obséques, & funérailles, & accomplir son testament.

* *Il y a quelques manuscrits qui donnent les acquêts en propriété aussi bien que les meubles aux conjoints, ce qui semble devoir estre suivy, puisque par testament il est permis aux mariez de se donner tous les meubles & acquêts en propriété mesme le tiers de la ligne.*

TITRE SEPTIÉME.
Des meubles, acquéts & de naissant.

ARTICLE PREMIER

TOUT ce qui se peut mouvoir & transporter d'un lieu à autre sans fraction & rupture des huys & fenestres des lieux, où il est reputé meuble comme bahuts, coffres, châlis, dreſſoirs, bancs, tables, images, cuves, chantiers, & autres ſemblables paremens tenans à broche, qui ſe peuvent déſaſſembler.

I I.

Mais toutes choſes de maiſon tenant à fer, cloux, ou chevilles, & qui ne ſe peuvent mouvoir ny tranſporter ſans fraction ou rupture ſont reputées immeubles, & du lieu, où elles ſont aſſiſes. Pareillement toutes choſes deſtinées à uſage perpétuel d'héritages, comme preſſoirs, fournitures & inſtrumens d'iceux, huilleries, cuves de cuivre à tinturiers, & cuves à tanneurs aſſiſes en tèrre, & artillerie ſervant à la garde d'une place, château, ou fortereſſe, & autres ſemblables, ſont reputées immeubles, pareillement raiſins, grains, bleds, & autres choſes croiſſans, ſont reputez eſtre de l'héritage où ils ſont, mais ſi tels raiſins, ou grains, eſtoient coupez ou ſéparez de l'eſtre, ils ſeroient reputés meubles.

I I I.

Bois taillis au faulçois après le temps de la coupe accoûtumée ſont reputez meubles.

I V.

Héritages acquis par le mari eſt néanmoins reputé conqueſte entre luy & ſa femme, encore que la femme ne ſoit nommée au contrat, & que le mari ſeul s'en ſoit fait enſaiſiner, ſans faire mention de ſa femme.

V.

Deniers donnez à l'héritier préſumptif, pour eſtre employez en héritages, ſont propres & de naiſſant au donataire du coſté & ligne de celuy qui les a donné, comme auſſi eſt l'heritage acquis d'iceux deniers.

VI.

Tous héritages donnez à quelques perſonnes que ce ſoit, eſt reputé acquêts, ſinon que l'héritage ſoit donné par père, mere, ayeul, ou ayeule, ou autres aſcendans en avancement d'hoirie & faveur de mariage, ou qu'il ſoit donné par celuy auquel le donataire devoit ſuccéder.

VII.

Héritages pris à cens perpétuel, rente viagere, titre d'amphitéoſe, bail à longues années ſont reputez acquêts au preneur d'iceux s'il n'eſt marié, auquel cas la femme y a la moitié, en laquelle les héritiers d'icelle ſuccédent aux charges & conditions appoſées aux contrats ſur ce paſſez, ſans que telle diviſion puiſſe faire préjudice aux laiſſeurs, & les ſeigneurs directs.

TITRE HUITIÉME.

De ſocieté & communauté de biens.

ARTICLE PREMIER.

QUAND aucuns s'accompagnent & demeurent enſemble, vivans de marchandiſe ou labeur, & ne ſont qu'une bourſe, ils ſont reputéz communs en bien, poſé meſme que l'un eut porté plus que l'autre, s'ils n'en ont fait traité ou paction auparavant, que s'ils n'en ont fait, tout ce qu'ils acquerront, gagneront, ou perdront, fera reputé eftre profit au préjudice de l'un comme de l'autre.

I I.

Et fi l'un alloit de vie à trépas, fes biens fe partiroient également entre le furvivant & l'héritier du trépaffé, pourveu toutesfois qu'ils ayent demeuré an & jour enfemble, mais fi l'un des deux avoit des héritages à luy appartenans avant focieté, ou qu'ils luy fuffent écheus conftant icelle, combien que les fruits pendant la focieté fuffent communs, néanmoins les héritages appartiendroient ou feroient écheus à fon héritier, & ne feroit tenu le furvivant des dettes deuës par le premier décédé avant ladite focieté, mais feroit tenu l'héritier feul, femblablement ne feroit tenu ledit l'héritier du défunt des dettes faites par le furvivant, avant ny depuis ladite focieté.

TITRE NEUVIÉME.

De doüaire.

ARTICLE PREMIER.

FEMME veuve, noble ou roturiere, incontinent après le décez de fon mari, eft faifie & veftuë par doüaire couftumier, de la moitié des fruits & revenus de tous les héritages que fon mari avoit au jour qu'il l'époufa, & de ceux qui luy feroient depuis écheus qui fe font trouvez à l'heure de fon trépas, pour en joüir fa vie durant, & par ufufruit feulement; laquelle

veuve, ſi elle eſt noble (autrement non) emporte contre les héritiers de ſon mari, une des mai-
ſons de ſondit mari, telle que bon luy ſemble:
toutesfois où il n'y en auroit qu'une, elle n'y en
auroit que la moitié en uſufruit, & les héritiers
l'autre moitié, & eſt tenuë d'entretenir les héritages chargez de doüaire de menuës répara-
tions, couvertures & clôtures ſuffiſantes, & les
laiſſer en tel eſtat qu'on luy a laiſſé, & payer les
charges foncieres: mais ſi ladite femme eſtoit
veuve, remariée en ſecondes nopces, elle n'auroit que le quart de ladite ligne de ſon mari, en
uſufruit aux charges que deſſus.

I I.

Doüaire coûtumier ou préfix, commence à
avoir lieu du jour de la diſſolution du mariage,
& eſt doüaire préfix. Celuy qui eſt accordé par
le traité de mariage, ſoit en deniers, héritages,
aſſignations de rentes ou autres choſes, promi-
ſes en contractant le mariage.

I I I.

Doüaire coûtumier ou préfix ſaiſit la femme
dès le déceds de ſon mari.

I V.

Quand femme veuve tenant héritages en doüaire décéde, l'héritier propriétaire dudit doüaire
incontinent après ledit déceds reprend les héritages en l'eſtat qu'ils ſont, au jour dudit décez,
c'eſt à ſçavoir, s'il y a prez à faucher, vignes à
vendanger, bleds, & autres grains à moiſſonner,
fruits à cueiller. Il emporte avec les héritages,

les fruits, & dépoüilles, sans payer les labourages, & si ne peuvent les héritiers de telle doüairière pour frauder le droit du propriétaire, dépoüiller *premature*, sesdits héritages.

V.

Et où ladite doüairière auroit baillé & laissé de son vivant à titre d'admodiation en grains ou argent, aucuns desdits héritages, à payer à la saint Martin, comme de coûtume : si ladite veuve décédoit avant ledit jour de la saint Martin, depuis toutesfois que lesdites terres ou prez seroient dépoüillez, les vignes vendangées, les fruits cueillis, l'héritier de ladite doüairière emportera lesdites moissons, à cause que les dépoüilles sont meubles, *fructus à solo separati censentur mobiles*, comme séparez du fond, nonobstant que le jour du payement ne soit écheu au jour dudit décez. Car c'est depuis ladite dépoüille, & jusques au jour de saint Martin, seulement délay de payement.

TITRE DIXIÉME.

*Des droits de proprieté, cens, rentes, &
que c'est de meubles.*

ARTICLE PREMIER.

HÉRITAGES donnez & advenus à titre de hoirie, succession, légat testamentaire, ou donation faite en avancement de succession à l'héritier présumptif du donateur & en mariage, sont reputez propres, & sortissent nature de
naissant,

naissant, à celuy auquel ils sont avenus, & tous héritages tenus & possedez à titre de vendition, donation, cession à personne étrangere ou transport à prix d'argent, ou l'équivalent, don, ou légat testamentaire, quand la légatrice ou donatrice, est personne étrangere ou donateur, ou testateur, les héritages ainsi donnez, laissez, ou transportez sont reputez & sortent nature de conquêts.

I I.

Héritages pris par échange, sortent mesme nature que ceux qui sont pour ce donnez, & è *contra*, s'il y avoit soûlte d'argent, l'héritage que l'on prendroit par échange sortiroit à celuy qui auroit baillé ledit argent, nature d'acquêts, pour & jusques à la valeur & estimation de ladite soûlte.

I I I.

En gagières & rentes constituées à prix d'argent ou de grains par formes de rentes viageres, volages, & à rachat, sortent nature de meubles, mais quand aux contrats de vendition, esquels est donnée grace, de rendre par pact conventionnel, ils sortent nature d'acquêts immeubles à l'acquêteur, & après son décez, les contrats & choses déduites en iceux sont reputez anciens, & comme biens venans de ligne à ses héritiers.

I V.

En acquêts n'est requis vest ny devest, en la main de la justice, où les héritages sont assis, ny aussi requis vesture par ladite justice: car par

C

la vendition ou tradition defdites lettres fans autre veft ny deveft, l'acquêteur en eft reputé pof-
feffeur & propriétaire, & en peut par foy ap-
prehender la poffeffion de fait.

V.

Si les preneurs ou détenteurs d'anciens héritages tenus en emphytéofe ou affencement, font
défaillans de payer la charge, ou penfion par
trois ans continuels le fieur direct propriétaire
les peut expulfer defdits héritages, fi après fom-
mation faite de payer ladite penfion, ou charges,
& font refufans ou délaiffans de payer la rente
ou cens, nonobftant chofes qu'ils pourroient
alléguer au contraire, s'ils n'ont titre relevant.

V I.

Poiffons mis en étang ou rivière, que l'on
pêche communément de trois en trois ans, eft
reputé de mefme nature que les étangs, durant
les trois ans ; mais lefdits trois ans paffés ils for-
tent nature de meubles, & pareillement poiffons
pêchez & mis en garde en huges, faul-vieux ou
autres lieux fermez, fe reputent meubles.

TITRE ONZIÉME.

Des pacquis, pafturages, & ufages.

ARTICLE PREMIER.

LEs habitans des villes, ou villages qui ont
leurs finages contigus, & joignans l'un de
l'autre, fans moyen ny privilège, peuvent me-

ner leurs beſtes groſſes & menuës l'un ſur l'autre en vaine paſture , juſques aux équares des
clochers des égliſes ; & s'il n'y avoit égliſe eſdits
lieux , les peuvent mener juſques au droit & mi-
lieu deſdittes villes & villages ; & ſont dites vai-
nes pâtures , tèrres en friche , labourage hors les
dépoüilles , & non enſemencées , près après la
faux , & juſqu'à la Notre-Dame en mars ; toutesfois prez clos & fermez de hayes , ou foſſez
qui ont privilège de regain , ne ſont ſujets à vaine paſture , & ne peut-on en quelle façon que
ce ſoit , mener pourceaux aux prez.

I I.

Et ne peuvent les habitans mener leurs beſtes
l'un ſur l'autre , en pacquis , & graſſe paſture ,
mais en vaine paſture comme dit eſt , & ſont
leſdites graces paſtures auſdits habitans , & de-
meurans és villes & villages , dont les finages
où elles ſont aſſiſes dépendent , n'eſtoit que quelques voiſins y euſſent acquis uſage par quarante
ans , ou qu'ils en euſſent titres valables & ſont
leſdites graſſes paſtures , tèrres après la ſeille ,
juſqu'à la ſaint Remy.

I I I.

Quand aucuns deſdits habitans ont droit de
pacquis , ou paſturage , en aucuns bois , foreſts
ou accruës , tels habitans uſagers ne peuvent
mettre leurs beſtes en nouveaux taillis qui ſont
eſdits bois , foreſts , & accruës , que cinq ans
après la coupe.

I V.

On ne peut avoir uſage és bois de haute ſu-

C ij

ftaye ou taillis, s'il n'eſt montré par titres valables, ou que l'uſagier en ait pour ce payé rede-
vances au ſieur à qui appartient le bois par tems
ſuffiſant, qui eſt de quarante ans.

V.

Le ſeigneur peut établir foreſtier en ſon bois,
lequel foreſtier trouvant quelqu'un en forfaitu-
re, il le peut reprendre ou gager, & eſt crû de
la priſe, & eſt l'amende de cinq francs en bois
ſeigneuriaux, & de deux francs, en bois de
communauté.

V I.

Le temps d'embocher porcs en bois, commence à la ſaint Michel, & dure juſqu'à la ſaint
André, & le recours, depuis la ſaint André juſqu'à la my-may.

V I I.

Durant le temps de grains, on ne peut mettre pourceaux, ou autres beſtes en bois ſans le
conſentement de ceux à qui ledit bois appartient.

V I I I.

Accruës de bois joignant à bois ou foreſt, en-
ſuivent la nature & condition deſdits bois, durant qu'elles ſont accruës.

TITRE DOUZIÉME.
De retrait.
A R T I C L E   P R E M I E R.

Q UAND aucun vend ſon héritage de naiſſant
ou de ligne, ſoit fief ou roturier, à perſon-

ne étrangere, qui ne font lignager du vendeur du cofté de la ligne, dont lefdits héritages luy font venus en ce cas ledit lignager en quelque degré que ce foit, du vendeur, du cofté & ligne, dont ledit héritage provient, le peut avoir par retrait lignager, fur l'acheteur, & ce dans l'an & jour.

I I.

Et faut qu'il y ait trois conditions concurrentes, la première, qu'il foit lignager au vendeur du côté & ligne dont luy eftoit venu ledit héritage, la feconde que ce foit dans l'an & jour, la troifième, que l'on rende les deniers comptans avec les loyaux couts, & frais, & les faut préfenter actuellement, avant conteftation en caufe, ou bien les configner en mains de juftice.

I I I.

S'il y avoit terme de payement, le retrayant aura les termes qu'avoit l'achepteur, en baillant par le retrayant caution, de rendre indemne le premier acheteur, & qui défaut efdites conditions, ou à l'une d'icelles, l'ajourné emporte congé de cour, gaing de caufe, & dépens.

I V.

Le retrayant fe peut adreffer contre le détenteur de l'héritage, toutesfois ou tel retrayant auroit fait adjourner le premier acheteur, avant qu'il ait mis hors de fes mains ledit héritage, il fera toujours pourfuivi: car il ne pourroit vuider fes mains, eftant auparavant adjourné.

V.

Depuis l'acquisition, & pendant le temps de retraite, le premier acheteur ne peut, ou doit démolir l'héritage, ou y faire travailler, sans le consentement du retrayant, ou bien de l'ordonnance du juge, pardevant lequel l'adjournement est fait.

V I.

Et se doit faire le retrait de tout ce qui est vendu, & non de partie, s'il ne plaist à l'acheteur.

V I I.

Et posé que le retrayant soit bien lointain de lignage au vendeur, & qu'il y ait autre plus prochain, qui le veuille retraire dedans le temps à ce introduit, néanmoins le premier qui auroit intenté l'action, encore qu'il fut plus lointain, sera préferé à tous autres plus prochains: mais s'ils sont concurrens d'un mesme jour, le plus prochain doit estre préferé, encore qu'il eût été prévenu de l'heure.

TITRE TREIZIÈME.

De prescription.

ARTICLE PREMIER.

QUAND aucun a joüy, tenu, & possedé un héritage, luy & ses prédécesseurs avec titre de bonne foy, par dix ans entre présens, & vingt ans entre absens, âgez & non privilègiez, il l'a acquis à toujours.

II.

Et sans titre, entre présens ou absens, personnes âgées, & non privilègiées, par trente ans.

III.

Et est dit entre gens âgez, & non privilègiez, pour ce que le temps de minorité ne se compte point, & que contre l'église qui est privilègiée, faut quarante ans pour prescrire.

TITRE QUATORZIÉME.

De criées d'héritages outrées (ou octroys) & adjudication par décret.

ARTICLE PREMIER.

LEs criées & subastations d'héritages se doivent faire par ordonnance & commission du juge, sous lequel les héritages sont assis par trois octaves, ou huitaines, & le quart d'abondant, entrevivant l'un l'autre sans interval, par quatre dimanches, ou issuës de messes parroissiales, ou bien au jour de marché, & doit chaque criée estre signifiée à partie, & lesdites criées ainsi faites & parfaites, & toutes les oppositions discutées en jugement, l'adjudication de tel héritage se fait au plus offrant & dernier enchérisseur par le juge.

II.

Quand aucuns héritages sont adjugez par décret celuy à qui telle adjudication est faite, est par ce moyen fait sieur, propriétaire, & pos-

sesseur desdits héritages, de sorte que tous ceux
qui auparavant tel décret, eussent pû prétendre
ou demander aucuns droits d'hypotéque, proprieté, ou possession sur lesdits héritages, & qui
avant l'adjudication, ne se seroient pas opposez
en sont forclos, privez, & déboutez, & le pareil est d'un héritage vendu, & proclamé par les
parroisses à Verdun.

I I I.

Il est loisible à ceux qui ont droit de rente ou
cens sur aucuns héritages, dont sont dués deux
ou trois années, ou plus d'arrérages, par défaut
de payement saisir & mettre tels héritages en
criées, & subastations, les solemnitez cy-dessus
gardées.

I V.

Par vertu des lettres obligatoires passées sous
les sceaux des cours spirituels & tabellion de
l'évêché & comté de Verdun, ou autres sceaux
authentiques, ou jugement de sentence, l'on
peut procéder par exécution des biens meubles
& immeubles du detteur.

V.

Les biens meubles pris par exécution, se crient
par trois jours consecutifs, & se doivent déli-
vrer par le sergent au plus offrant & dernier enchérisseur, sans autres solemnitez ou décret du
juge la quinzaine passée ; dans lequel le detteur
en payant le principal & les frais de l'exécution
aura ses meubles.

V I.

VI.

Par privilège ufité, quiconque eft bourgeois demeurant à Verdun, peut procéder par voye d'eftant, fur les biens de fes detteurs forains trouvez audit Verdun & banlieuë, pofé qu'il n'y eut obligation ny cédule.

VII.

L'ordre de priorité & pofteriorité fur immeubles fubaftez doit eftre gardé.

VIII.

Mais quand aux meubles, en matière de déconfiture, chaque créancier vient à contribution au fol la livre, & n'y a point de prérogative par ce que les meubles n'ont fuite.

IX.

Celuy qui fe conftituë racheteur ou dépofitaire de biens de juftice, eft contraignable par emprifonnement de fa perfonne, l'octave & la huitaine paffée.

TITRE QUINZIÉME.
Des fervitudes.

ARTICLE PREMIER.

QUAND aucun édifie & dreffe mur qui foit mitoyen à luy & à un autre, celuy qui n'édifie pas, & qui a moitié audit mur doit contribuer à la réédification dudit mur, tant en fondement que jufques à la hauteur de la clofture,

D

& au réſidu, s'il ne veut contribuer, l'autre néanmoins peut réédifier ledit mur, & y faire veuë au-deſſus, de hauteur de cloſture.

I I.

Et néanmoins ſi l'autre en après veut réédifier & appigner, il le peut faire, & s'aider dudit mur en payant la moitié des frais & dépens qui auroient eſté faits, pour réédifier ledit mur, & doit celuy qui a premier réédifié, boucher ſes veuës.

I I I.

Servitudes tant d'égouſt d'eaux, chinées, veuës, & chemin ſur fond d'autruy, ne ſe peuvent preſcrire par quelque laps de temps que ce ſoit, s'il n'y a titre ou convention au contraire.

F I N.

PRIVILÉGE DU ROI.

STANISLAS, par la grace de Dieu, Roi de Pologne, Grand Duc de Lithuanie, Russie, Prusse, Mazovie, Samogitie, Kiovie, Volhinie, Podolie, Podlachie, Livonie, Smolensko, Sévérie, Czernichovie, Duc de Lorraine & de Bar, Marquis de Pont-à-Mousson & de Nomeny, Comte de Vaudémont, de Blâmont, de Sarwerden & de Salm. A nos amés & féaux les Présidens, Conseillers & Gens tenans notre Cour Souveraine de Lorraine & Barrois, Baillifs, Lieutenans Généraux, Particuliers, Assesseurs Civils & Criminels, Conseillers & Gens tenans nos Bailliages de Bar, de la Marche & à tous autres qu'il appartiendra; SALUT. Henry Thomas, Imprimeur & Libraire en notre bonne Ville de Nancy, Nous a très-humblement fait représenter, que les Coutumes qui régissent les différentes parties de nos États, ayant la plûpart été imprimées immédiatement après leurs homologations, que les premières éditions faites sous les yeux des Rédacteurs ont été très-exactes & le débit s'en est suit dans peu de tems; mais devenues rares par le laps du tems de leur rédaction, elles furent réimprimées différentes fois avec si peu d'exactitude, qu'il s'y trouve des fautes & omissions qui pouroient devenir préjudiciables au Public; que pour y remédier & prévenir les inconvéniens qui peuvent résulter des défauts de ces dernières éditions, il seroit avantageux de faire une nouvelle réimpression desdites Coutumes sur les anciens exemplaires qui font les plus corrects; & comme il y en a quelques unes particulières qui font manuscrites, il seroit également du bon ordre pour éviter les changemens & altérations qui pouroient s'y faire de les imprimer afin de les rendre plus exactes & communes; l'Exposant qui s'est appliqué depuis quelques années à faire la recherche de tous les anciens exemplaires tant imprimés que manuscrits desdites différentes Coutumes qui font Loix dans nos Tribunaux, se trouveroit en état d'en entreprendre la réimpression s'il Nous plaisoit lui en accorder la permission, & pour l'indemniser des frais considérables qu'il sera obligé d'exposer pour y parvenir, lui en accorder le Privilège exclusif pendant vingt ans. A quoi inclinant favorablement, après avoir renvoyé la Requête qu'il Nous a présente à ce sujet, à notre cher & féal Conseiller d'Etat & Procureur Général de Lorraine & Barrois le Sieur de Toustain de Viray, & vû sur ce son avis.

A ces causes, Nous avons permis & accordé, permettons & accordons par ces présentes audit Henry Thomas, de réimprimer, à l'exclusion de tous autres, pendant l'espace & terme de vingt années consécutives, qui commenceront à courir du jour & date des présentes, sur les anciens exemplaires les plus corrects, & imprimer sur les manuscrits les plus exacts; sçavoir: *Les Coutumes Générales de notre Duché de Lorraine, celles de Bar-le-Duc, de St. Mihiel, d'Épinal, de Marsal, de Blâmont, du*

Baſſigny, *de Chaumont en Baſſigny*. Coutumes de l'Évêché de
Metz & Thionville, & celle particuliere de la Breſſe en Vôges,
en telles formes, marges & caractéres & autant de fois que bon
lui ſemblera, de les vendre, faire vendre, débiter & diſtribuer
dans tous nos États, Pays, Terres & Seigneuries de notre obéiſ-
ſance, durant ledit terme de vingt ans. Faiſons très-expreſſes in-
hibitions & défenſes à tous Imprimeurs, Libraires & autres de
quelque qualité & conditions qu'ils ſoient, d'imprimer ni réimprimer, vendre ni débiter leſdites Coutumes, ſous quelque prétexte
ce puiſſe être, même d'impreſſion ou réimpreſſion étrangère, chan-
gement ni augmentation, ſans le conſentement exprès de l'Expoſ-
ſant ou de ſes ayans-cauſe, à peine de mille livres d'amende, ap-
plicable un tiers au dénonciateur, un tiers à l'hopital le plus prochain de la repriſe, & l'autre tiers à l'Expoſant, outre la con-
fiſcation à ſon profit de tous les exemplaires contrefaits, à charge
néanmoins que l'impreſſion s'en fera dans noſdits États & non ail-
leurs, en bon papier & beaux caractéres, & avant de les expoſer
en vente d'en remettre deux exemplaires de chacune deſdites Coutumes en notre Bibliothéque Royale, deux en celle de notre Bibliothéque publique à Nancy, & deux en celle de notre tres-cher
& féal Chevalier, Chancelier, Garde de nos Seaux & Chef de
nos Conſeils le Sieur de la Galaiziere, & de faire régiſtrer les préſentes ſur le livre de la Communauté des Imprimeurs & Libraires
de notredite Ville de Nancy, à peine de nullité des préſentes,
du contenu deſquelles nous vous mandons & enjoignons de faire
jouir l'Expoſant pleinement & paiſiblement, ceſſant & faiſant ceſ-
ſer tous troubles & empêchemens contraires. Voulons qu'en im-
primant copie du préſent Privilège au commencement ou à la fin
de chacun exemplaire, il ſoit tenu pour bien & duement ſignifié.
Mandons en outre au premier notre Huiſſier, ou autre Huiſſier
ou Sergent ſur ce requis, de faire pour l'exécution des préſentes,
toutes ſignifications, défenſes, ſaiſies & autres actes néceſſaires
dans tous nos États, Pays, Terres & Seigneuries de notre obéiſ-
ſance, ſans pour ce demander autre permiſſion, viſa, ni paréatis.
CAR AINSI NOUS PLAIT, en foi de quoi nous avons
aux préſentes ſignées de notre main, & contreſignées par l'un de
nos Conſeillers Sécretaire d'État, Commandemens & Finances,
fait mettre & appoſer notre Seel ſecret. DONNÉ en notre Ville
de Lunéville le treize Mai mil ſept cent cinquante-quatre.

STANISLAS ROY.

Par le Roy, ROÜOT.

Regiſtrata, GUIRE.

*Régiſtré ſur le régiſtre de la Communauté des Imprimeurs-Libraires
de Nancy, le 16 Mai 1754, fol. 42, 43 & 44.* P. ANTOINE.